# WORDS FOR THE ROAD VIII
100 short reflections and puns


# ORD MED PÅ VEIEN VIII
100 korte refleksjoner og ordspill

Other books written by George Manus:

THOUGHTS, English
TANKER, Norwegian

REFLECTIONS I, English
REFLEKSJONER I, Norwegian

REFLECTIONS II, English
REFLEKSJONER II, Norwegian

REFLECTIONS III, English
REFLEKSJONER III, Norwegian

A WOMAN'S MANY MIGRATIONS, English
EN KVINNES MANGE FLYTTINGER, Norwegian

INNOVATIONS AND CREATIONS, English

THE MAX MANUS COMPANIES -70 years in communication, English
MAX MANUS FIRMAENE - 70 år i kommunikasjon, Norwegian

STORIES & THOUGHTS I, English
HISTORIER & TANKER I, Norwegian

WORDS FOR THE ROAD    ORD MED PÅ VEIEN I      English - Norwegian

WORDS FOR THE ROAD    ORD MED PÅ VEIEN II     English - Norwegian

WORDS FOR THE ROAD    ORD MED PÅ VEIEN III    English - Norwegian

WORDS FOR THE ROAD    ORD MED PÅ VEIEN IV     English - Norwegian

WORDS FOR THE ROAD    ORD MED PÅ VEIEN V      English - Norwegian

WORDS FOR THE ROAD    ORD MED PÅ VEIEN VI     English - Norwegian

WORDS FOR THE ROAD    ORD MED PÅ VEIEN VII    English - Norwegian

WORDS FOR THE ROAD    ORD MED PÅ VEIEN VIII   English - Norwegian

WORDS FOR THE ROAD    ORD MED PÅ VEIEN I X    English - Norwegian

WORDS FOR THE ROADI   ORD MED PÅ VEIEN X      English - Norwegian

You are heartedly welcome to quote from this book, respecting the copyright.

ISBN: 9788743012306

Author: George Manus
Copyright: George Manus
Design and layout: Ole Praud
Illustrations: Laura Hamborg


Print:
Books on Demand, Norderstedt, Germany

Editor:
Books on Demand, Copenhagen, Denmark, www.BoD.dk


e-mail: george.manus@mminnovation.no
Homepage: www.george-manus.jimdo.com


Utgave 2.

# Preface

This WORDS FOR THE ROAD VIII, the eight in a row, I have dedicated to "Does it really matter"? and like the others given the subtitle: 100 short reflections and puns.

The so far 800 words for the road are expressions of spontaneous opinions and thoughts when they were put on paper.

Some of them the reader will find obvious while others could have been shaped differently or not be included at all. But, in between there may be some one will take notice off and some that give an afterthought.

If so, my purpose for them is achieved.

The reflection "Does it really matter?", written in 1994, which is copied from the book REFLECTIONS I, is about the written word. Hardly anyone in my class was worse than me when it came to Norwegian spelling. One thing is to write grammatically correct, something else is to write so that the wished-for meaning becomes clear.

Read the reflection "Does it really matter"? from page14.

As in the previous WORDS FOR THE ROAD, the table of contents is presented in alphabetical order in both English and Norwegian. In the book the English comes first, with the corresponding Norwegian next to it.

If you get the feeling you've heard some of them before, I can assure you it has never been my intention to plagiarize.

I thank Laura Hamburg for the illustrations and my friend Ole Praud for his consultancy work.

The South of Spain
May 2020
George Manus e-mail: george.manus@mminnovation.no

4

# Forord

Denne "ORD MED PÅ VEIEN VIII", den åttende i rekken, har jeg dedikert til "Er det så nøye" og som de tidligere gitt undertittelen: 100 korte refleksjoner og ordspill.

De totalt, hittil 800 ord med på veien, er uttrykk for mine spontane meninger og tanker da de ble satt på papiret.

Noen vil leseren finne innlysende mens andre kunne vært formet annerledes eller ikke bli tatt med i det hele tatt. Men, innimellom er det forhåpentligvis en og annen som man tar til underretning, eller som gir en ettertanke.

Hvis det er tilfelle er min hensikt med dem oppnådd.

Refleksjonen "Er det så nøye", som jeg skrev i 1994 og som er sakset fra boken REFLEKSJONER I, dreier seg om det skrevne ord. Knapt noen i klassen var dårligere enn meg når det gjaldt norsk rettskriving. En ting er å skrive grammatikalsk riktig, noe annet er å skrive så den ønskede betydning kommer frem.

Les refleksjonen "Er det så nøye"? fra side 18.

Som i de tidligere ORD MED PÅ VEIEN, presenteres innholdsfortegnelsen i alfabetisk rekkefølge både på engelsk og norsk. I boken kommer de engelske først, med de korresponderende norske ved siden av.

Hvis du har følelsen av at du har hørt noen av dem før, garanterer jeg at det aldri har vært min tanke og plagiere.

Jeg takker Laura Hamborg for illustrasjonene og min venn Ole Praud for konsulentarbeidet.

Syd i Spania
Mai 2020
George Manus e-mail: george.manus@mminnovation.no

# CONTENT

# INNHOLD

# Does it really matter?

*September 1994*

I want to make clear from the start, should anyone think so, that I don't in any way elevate myself to the position of judge in this case – the case in which the limits for allowable sloppiness are set.

Sloppiness occurs in many contexts but here I'm concerned with sloppiness in the written word.

Hardly anyone in my class was worse than me when it came to Norwegian spelling. One thing is to write grammatically correct – tragic to see how bad today's standard has become. That's not what I'm thinking of, however, but how to write so that the wished-for meaning becomes clear, which is something else altogether.

I'm back to my opinion regarding the significance of the "trifle" - the tiny detail – or in this case, more specifically, the importance of choosing the right word. In its simplest form it can be something as simple as what meaning a misplaced comma can have for the entire understanding.

It is here, in my opinion, that the risk lies as regards sloppiness.

Then one may ask oneself; a risk of what or for whom and does it really matter?

Of course, it's quite seldom that the consequences of an error in such cases are of a serious character, but anyway.

14

I must admit that it bothers me a bit, the sloppiness in this instance.

If it's tolerated in minor cases, why shouldn't it slip through just as easily where it could create major misunderstandings?

It also has something to do with myself as a person. I believe that if one is conscious of this problem, it will in many other instances also affect one's personal attitudes and behaviour.

This latter was perhaps a bit ambitious, but you'll probably agree with me that it is something in it, if you think about it.

I would never have voiced my opinion on this, if I hadn't had a concrete example of what I mean.


As a member of Furuset rotary club for almost ten years, I have like everyone else held several "3 minutes". These are normally based on one's own thoughts or reflections, experiences or views.

They are never the subject of discussion and are thus only for the personal reflection of their listeners.

One of my "3 minutes", held on 04.07.94 and dealing with my thoughts on the soul, was on request included, as a 2 page essay, in number 4 of the rotary club's monthly newsletter in 1994.

By the way, I should point out that I've also held a 3 minute about my reflections on the trifle and its, in my opinion, great significance.

Judging by the insignificant, but at the same time significant exchange of words caused by the minutes of my soul speech, my reflections on the trifle can't have made a very big impression.

I have often thought that my reflections aren't suited to the printed word, as I believe they have more impact when delivered orally, with a bit of feeling, but that's a different story.

Now it'll be interesting to see if you understand what I mean. It would, of course, have been better if you'd read all of "The Soul" first, but there has to be limits to what one will do for the sake of a tiny trifle.

Straight to the point, second page, first paragraph of "The Soul", as printed in the monthly newsletter:

"It is said that houses have souls. This as an example of our apparent acceptance that also things have souls. Quite possibly – I don't believe it – and don't for a second doubt that it, in that case, would have to be a totally different type of soul – not the regular soul – the one with a capital S". End of quote.

It's all about the word "regular". The original says, the "real" soul. One can judge for oneself if "the regular soul – the one with a capital S" can in any way compete with "the real soul – the one with a capital S", or if it really does matter.

For the sake of context, I include a bit more of what follows – quote:

"Reflections on that soul, the one with a capital S – was what the dictation was all about, and it wasn't especially mysterious – only expressed that it would be strange if there wasn't something more to it – something more than the life we "miserable" people lead here on earth". End of quote.

Thinking about if it really does matter – I quote from the second to last paragraph on page 2:

"If the soul separates from the body when we pass

on, the soul has to go somewhere – the body disappears – that is correct – but the soul?". End of quote.

I've never made myself an advocate of whether it is "correct" for the body to disappear – as if it, out of respect for social customs, should do so.

All I've done is state the simple fact that "the body disappears - that's concrete – but what about the soul?".

Both words begin with a "c" and look somewhat similar so at least they have something in common.

It would be an exaggeration to say that my soul has been damaged by the sloppiness in the written word, but I still feel that it "somehow matters" and that we should be a bit more critical in this case.

## THE SOUL

I do not need the theologians' testimony to understand that there is a "Soul" with capital letter S.

# Er det så nøye?

*September 1994*

Jeg slår med en gang fast at ingen må tro at jeg på noen måte opphever meg til å være dommer i denne sak - saken om hvor grensene skal gå for hvor meget slurv man skal tillate.

Slurv forekommer i mange sammenhenger, men i denne refleksjonen er jeg opptatt av slurv med det skrevne ord.

Knapt noen i klassen var dårligere enn meg når det gjaldt norsk rettskriving. Men en ting er å skrive grammatikalsk riktig - i og for seg tragisk hvor dårlig det er bevendt med det i dag, men det er ikke det jeg tenker på. Noe annet er å skrive så den ønskede betydning kommer klart frem.

Er tilbake til min mening om bagatellens betydning, eller i denne sammenheng mer spesifikt, betydningen av ordets riktighet. I sin enkleste form kan det dreie seg om noe så enkelt som hvilken betydning et feilplassert komma kan ha for hele betydningen.

Det er etter min mening nettopp her faremomentet med slurv ligger.

Så kan man stille seg spørsmålet; faremoment for hva eller hvem og er det så nøye?

Selvfølgelig er det sjelden at konsekvensene av en feil i denne sammenheng er av virkelig alvorlig karakter, men allikevel.

Jeg må innrømme at det plager meg en del, akkurat dette med slurv i denne forbindelse.

Tolereres det i liten sammenheng, ja, hvorfor skulle det da ikke like glatt slippe gjennom der hvor det virkelig kan skape de store misforståelser?

Det har noe å gjøre med en selv. Jeg tror at er man seg selv litt bevisst når det gjelder dette, så vil det også i mange andre sammenhenger prege ens personlige holdninger og atferd.

Dette siste var kanskje litt vel ambisiøst, men du er sikkert enig med meg i at det er noe i det, når du tenker etter?

Ville aldri kommet med betraktninger rundt dette, hvis jeg ikke hadde et konkret eksempel på hva jeg mener.

Som medlem i Furuset Rotaryklubb i nesten ti år, har jeg som alle andre holdt en rekke "3 minutter". Disse er som regel basert på ens egne tanker eller refleksjoner, opplevelser eller synspunkter.

De er aldri gjenstand for diskusjon og blir derfor som sådan kun til personlig ettertanke for dem som hører på.

En av mine "3 minutter", som ble holdt den 4.7.94., og som omhandlet betraktninger om sjelen, ble på oppfordring tatt med i form av 2 sider i vår Rotary klubbs måneds-brev nummer 4 i 94.

Skylder forresten å gjøre oppmerksom på at jeg også har holdt en "3 minutter" som omhandlet mine betraktninger om bagatellen og dens etter min mening store betydning.

Skal jeg dømme etter den bagatellmessige, men allikevel i sammenhengen betydningsfulle omveksling av ord som kom referatet av "sjelen" til del, kan min refleksjon om bagatellen ikke ha gjort særlig inntrykk.

Har forøvrig ofte tenkt på at mine små refleksjoner ikke egner seg så godt på trykk, innbiller meg at det blir mer snert over dem når de blir fremført muntlig, med litt innlevelse, men det er en helt annen sak.

Nå er det spennende å se om også du forstår hva jeg mener. Selvfølgelig hadde det vært fint om du hadde lest hele sjelen først, men det får vel være grenser for engasjement for en liten bagatells skyld?

Rett på sak, annen side, første avsnitt av sjelen, gjengitt i måneds-brevet - sitat:

"Det sies at hus har sjel. Dette som et eksempel på at vi tilsynelatende aksepterer at også ting har sjel. Godt mulig det - jeg tror det ikke - er ikke et øyeblikk i tvil om at det i så tilfelle må være en annen type sjel - ikke den vanlige sjelen - den med stor S". Sitat slutt.

Det er ordet den "vanlige" sjelen det dreier seg om. Originalen sier, den "virkelige" sjelen. Så kan man jo selv bedømme om "den vanlige sjelen - den med stor S", på noen måte kan konkurrere med den "virkelige sjelen - den med stor S" og om det egentlig er så nøye.

For sammenhengens skyld gjengir jeg den umiddelbare fortsettelse - sitat:

"Betraktninger om den sjelen, den med stor S - det var nemlig den jeg laget diktat om, var ikke spesielt mystisk - ga bare uttrykk for at det ville være underlig om det ikke var noe mer - noe mer enn det livet vi "skrøpelige" mennesker har her på jord". Sitat slutt.

Tenker på om det kan være så nøye, og siterer igjen:

"Hvis sjelen og legemet splittes når vi går bort, må jo sjelen gå et sted - legemet forsvinner jo - det er korrekt

- men sjelen?" Sitat slutt.

Jeg har aldri gjort meg til talsmann for at det er "korrekt" at legemet forsvinner - som om det av hensyn til skikk og bruk skulle forsvinne. Derimot konstaterer jeg bare det enkle faktum at "legemet forsvinner jo - det er konkret - men hva med sjelen?"

Begge ordene har 7 bokstaver, det er ihvertfall noe som er likt.

Det ville være å overdrive hvis jeg sier at jeg tar skade på min sjel av denne slurvingen med det skrevne ord, men mener stadig at det egentlig er "litt nøye" og at vi burde være litt mer kritiske i denne sammenheng.

.

## SJELEN
Jeg behøver ikke teologenes vitnesbyrd for å forstå at det finnes en "Sjel" med stor S.

## BE HUMBLE

Be Humble, there are many brains out there in the big world. Do have respect for that, but believe in yourself and never give up.

*2014*

## TALKING TO THE WALL

Is it when you feel that you, no matter what arguments you use, are not understood, that it's like Talking to the Wall?

*2016*

## REGRET II

We have all done something we Regret and which we later in life wanted to do good again.

*Sept. 2019*

## VÆR YDMYK

Vær Ydmyk, det er mange hjerner der ute i det store verden. Ha respekt for det, men tro på deg selv og gi aldri opp.

*2014*

## Å SNAKKE MED VEGGEN

Er det når man føler at man, uansett hvilke argumenter man benytter, ikke blir forstått, at det er som å Snakke med Veggen?

*2016*

## ANGER II

Vi har alle gjort noe vi Angrer på og som vi senere i livet ønsket å gjøre bot på.

*Sept. 2019*

## RACISM

Racism can not be solved by law, only by good behaviour from people of all kind. It's an under-statement to say that it will take endless time. In other words, In my opinion Racism will always exist.

*Spet. 2019*

## OPINIONS II

It's good to have Opinions on most things - but only if one does not claim they are the best.

*Sept. 2019*

## SELF - CONSCIOUS

None of us can help we are the way we are, but it does probably become easier in many con-texts if we had been a little more Self-conscious.

*Sept 2019*

# RASISME

Rasisme kan ikke løses ved lov, bare med god oppførsel fra mennesker av alle slag. Det er en underdrivelse å si at det vil ta uendelig tid. Etter min mening vil Rasisme med andre ord alltid eksistere.

*Sept.2019*

# MENINGER II

Det er bra å ha Meninger om det meste - bare man ikke hevder at de er de beste.

*Sept. 2019*

# SELVBEVISST

Ingen av oss kan noe for at vi er som vi er, men det hadde antagelig blitt lettere i mange sammenheng hvis vi hadde vært litt mer Selvbevisste.

*Sept 2019*

## STOP THE WORLD

Brexit leads to isolation –
Isolation leads to weakness –
Weakness leads to stagnation –
Stagnation leads to retrogression –
Retrogression leads to power concentration –
Power concentrations leads to survival of the fittest –
Survival of the fittest leads to lack of social benefits –
Lack of social benefits leads to poverty and revolts.
Then it starts all over again related to isolation.

*Sept. 2019*

**STOPP VERDEN**

Brexit fører til isolasjon –
Isolasjon fører til svakhet –
Svakhet fører til stagnasjon –
Stagnasjon fører til tilbakegang –
Tilbakegang fører til maktkonsentrasjon –
Maktkonsentrasjon fører til overlevelse av de
sterkeste –
De sterkeste overlevelse fører til mangel på sosi-
ale ytelser –
Mangel på sosiale ytelser fører til fattigdom og
opprør.
Etter det starter det på nytt når det gjelder iso-
lasjon.

*Sept. 2019*

# ONE DAY AT A TIME

We must learn how to take One Day at a Time. The challenges must be met, and everything done to put them behind us before we get ready for the next Day.

*Sept. 2019*

# POLITICAL ISOLATION

As Isolated, you will always find partners, the question is just whether it will eventually end in new collaborative coalitions based on isolationists. This will in turn lead to revaluation with other coalitions. There is only one way forward and that is collaboration.

*Sept. 2019*

# DISCRIMINATION II

Some people should never have power in politics - but who should judge in our democracies?

*Sept 2019*

## EN DAG AV GANGEN

Vi må lære oss å ta En Dag av Gangen. Utfordringene må møtes og alt må gjøres for å legge dem bak oss, før vi gjør oss klar til møtet med neste Dag.

*Sept. 2019*


## POLITISK ISOLASJON

Som Isolert vil man alltid finne samarbeidspartnere, spørsmålet er bare om det ikke til slutt vil ende i nye samarbeids-koalisjoner som er basert på isolasjonister. Det vil så igjen føre til rivalisering med andre koalisjoner.

Det er bare en vei fremover og det er samarbeid.

*Sept. 2019*


## DISKRIMINERING II

Noen mennesker burde aldri få makt i politikken - men hvem skal dømme i våre demokratiske samfunn?

*Sept. 2019*

## OBSESSION

How often have you seen sisters and brothers having the same opinions, behaviour and looks? If they are not alike apart from upbringing and social standard, how is it that some say we are all alike? Forget about it, the quicker we change and admit we are different and take it from there, the better chance we have to solve our future.

*Sept. 2019*

## INNOCENT CREEPS

It's not because of you, but because of all of you that I have to kill you! We kill invasions of small insects, all of which are harmless with the most suitable spray. What about one or the few who survive our attack? Most of us take them into the process. Is it for fear or is it in defence?

We know that they are only for discomfort and represent no danger to our existence.

Where do we set the limit?

*Sept. 2019*

## BESETTELSE

Hvor ofte har du sett søstre og brødre ha de samme meninger, oppførsel og utseende? Hvis de ikke er like bortsett fra oppdragelse og sosiale standard, hvordan har det seg at noen sier at vi alle er like? Glem det, jo raskere vi endrer og innrømmer at vi er forskjellige og tar det derfra, jo bedre er sjansen for å kunne løse fremtiden vår.

*Sept. 2019*

## USKYLDIGE KRYP

Det er ikke på grunn av en av dere, men på grunn av dere alle, at jeg må drepe dere! Invasjon av småkryp, som alle er ufarlige, dreper vi med den best egnede spray. Hva så med den ene eller de få som overlever angrepet? De fleste av oss tar dem med i prosessen. Er det av frykt eller er det i forsvar?

Vi vet at de kun er til ubehag og ikke farlige for vår eksistens.

Hvor setter vi grensen?

*Sept. 2019*

## FLEXIBLE AND STRETCHABLE

As Flexible, you choose solutions suggested by others - while as Stretchable, in addition, you bend down to tie the shoe leases.

*2016*

## EQUIVALENT RETALIATION

Tit for Tat - now take that
Tat for Tit - now we are quit
Try with a chat instead of a Tit for Tat.

*Aug. 2019*

## EXPERIENCES ABOUT OPINIONS

In your daily life you should keep your Opinions closer to your chest and don't be so concerned about what others think. They have enough with their daily challenges and therefore enough with their own Opinions.

*December 2010*

## FØYELIG OG TØYELIG

Som føyelig velger man gjerne løsninger fore-slått av andre - mens man som Tøyelig, i tillegg bøyer seg for å knytte skolissen.

*2019*

## TILSVARENDE MOTTILTAK

Vær parat til en prat før du gir tilbake med sam-me mynt.

*Aug. 2019*

## ERFARINGER OM MENINGER

I det daglige bør man holde sine Meninger tet-tere til brystet og ikke være så opptatt av hva an-dre mener. De har nok med sine daglige utfor-dringer og derfor nok med sine egne Meninger.

*Desember 2010*

## PRESSURE COOKER

Frustration - despair - hopelessness, everything needs some form of ejaculation. Even if you believe in God you can use the strongest Language within yourself, but do apologize to Him afterwards.

*Oct. 2019*

## DEPOPULATION

Is it strange that so few want to live in small villages? Modern technology is one of the reasons why especially younger people are attracted to the "big cities". It will take more than a political feat to change this development.

*Oct. 2019*

## AMBIGUITY

If you don't live by strict lines and rules, everything can be interpreted Ambiguously.

*Oct. 2019*

## TRYKKKOKEREN

Frustrasjon - fortvilelse - håpløshet, alt trenger en form for utløsning. Selv om man tror på Gud, kan man godt benytte det sterkeste språk inni seg, men be Ham om unnskyldning etterpå.

*Okt. 2019*


## FRAFLYTTING

Er det merkelig at så få vil bo i små landsbyer? Den moderne teknologi er bestemt en av årsakene til at spesielt yngre mennesker, tiltrekkes av "storbyene". Det skal mer enn politiske kunsttrekk til å forandre denne utviklingen.

*Okt. 2019*


## TVETYDIG

Hvis man ikke lever etter strengt opptrukne linjer og regler, vil alt kunne tolkes Tvetydig.

*Okt. 2019*

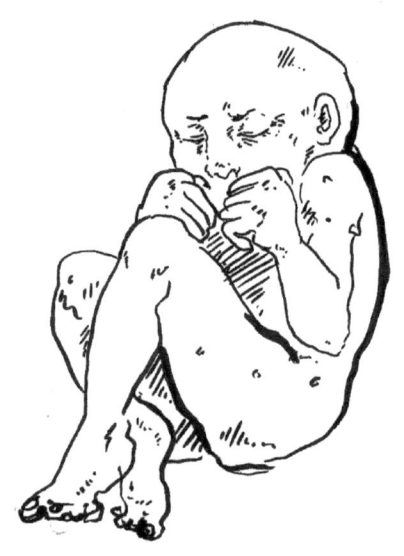

*Birth*
*Fødsel*

*Laura Hamborg*

*Capitalism and Church*
*Kapitalisme og Kirken*

*Laura Hamborg*

## UPBRINGING I

Everything, I suppose, is as it should be,
although it's not as it was.
If it was as I think it should be,
It would satisfy only a few and me.

*Oct. 2019*

## EGOISM AND SURVIVABILITY

Statistically, the Egoist probably has greater Survivability than others, but it can cost him dearly in other contexts.

*Oct. 2019*

## DISCRIMINATION III

One must lift the limit for Discrimination when it comes to calling a spade a spade before everything goes wrong.

*Okt.2019*

## OPPDRAGELSE I

Alt er sikkert som det skal være,
Selv om det ikke er som det var.
Hvis det var som jeg mener det burde være,
så ville det tilfredsstille kun noen være.

*Okt. 2019*


## EGOISME - OVERLEVELSESEVNE

Statistisk sett har antagelig Egoisten større
Overlevelsesevne enn andre, men det kan koste
ham dyrt i andre sammenhenger.

*Okt. 2019*


## DISKRIMINERING III

Man må oppheve grensen for Diskriminering
når deg gjelder å kalle en spade en spade, før alt
går galt.

*Okt.2019*

## TIME PERSPECTIVE

Each time period, short or long will, in our Tim Perspective appear as significant, but means infinitely little in the big context.

*Oct. 2019*

## OUR GLOBE

In our eyes it may be that Our Globe goes down, but those who believe that life does not continue are in my opinion completely wrong. Our Globe will continue its evolution as if the human epoch was just a wasp sting, or a passing wart on the surface.

*Oct. 2019*

## WOMEN AS OBJECT

When woman start thinking that they are Objects, they have lost the ability to be respected as the persons they possibly are.

*Okt. 2019*

## TIDSPERSPEKTIV

Hver tidsepoke, kort eller lang, vil i vårt Tidsperspektiv fortone seg vesentlig, men betyr uendelig lite i den store sammenheng.

*Okt. 2019*

## VÅR KLODE

I våre øyne kan det godt hende at Vår Klode går under, men den som tror at livet ikke fortsetter, tar etter min mening fullstendig feil. Vår Klode vil fortsette sin evolusjon som om menneskeepoken bare var et vepsestikk, eller en forbigående vorte på overflaten.

*Okt. 2019*

## KVINNER SOM MÅL

Når kvinner begynner å tenke at de er objekter, har de mistet evnen til å bli respektert som de personer de muligens er.

*Okt. 2019*

## POPULISM
The art, for the Populist wanting to rule, is to mislead people to vote for his policy by all possible means, false or true.

*March 2019*

## OPINION
One should early make up an Opinion if one wants to go in the grave with a good posthumous or exploit all means to secure oneself. It's your choice.

*March 2019*

## THE TREADMILL
It's sad for those calling life a Trade-mill, as they haven't grasped that life's development is life itself.

*March 2019*

## POPULISME

Kunsten for Populisten som ønsker å styre, er å mislede mennesker til å stemme for sin politikk med alle mulige midler, falske eller sanne.

*Mars 2019*

## MENING

Man bør tidlig gjøre seg opp en Mening om man vil gå i graven med et godt ettermæle, eller utnytte alle midler til å sikre seg selv. Det er ditt valg.

*Mars 2019*

## TREDEMØLLE

Det er trist for dem som kaller livet en Trede-mølle, ettersom de ikke har forstått at livets utvikling er selve livet.

*Mars 2019*

## WITH A NEW TWIST I

"Crossing the stream after water". Things you need are often closer than you think.

*March 2019*

## TOLERANT AND INTOLERANT II

As a Tolerant you remain indulgent for the sake of domestic peace - while as Intolerant you stand on your opinions to highlight yourself.

*2016*

## GREENER GRASS

While most people know that the grass is not greener on the other side of the fence, astonishingly many take on the challenge of examining reality.

*July 2020*

## MED EN NY TVIST I

"Å gå over bekken etter vann". Ting du trenger er oftere nærmere enn du tror.

*Mars 2019*

## TOLERANT OG INTOLERANT II

Som Tolerant forblir man overbærende for husfredens skyld - mens man som Intolerant står på sitt for å markere seg.

*2016*

## GRØNNERE GRESS

Selv om de fleste vet at gresset ikke er grønnere på den andre siden av gjerdet, er det forbausende mange som tar utfordringen med å undersøke virkeligheten.

*Juli 2020*

## AFFECTIONATE AND INSENSITIVE

As Affectionate, one takes an interest in others' situation with sympathy - while as Insensitive one avoid all approaches.

*2016*

## AFFECTIONATE AND REPELLENT

As Affectionate one strives for goodness and desire contact - while as Repellent one clearly express a desire for physical distance.

*2016*

## ATTITUDES

The most important thing is that you maintain your Attitudes if you are happy with them.

*2019*

## MEDFØLENDE OG UFØLSOM

Som Medfølende tar man interesse i andres situasjon med sympati - mens man som Ufølsom avviser alle tilnærmelser.

*2016*

## KJÆLENDE OG AVVISENDE

Som Kjælende strutter man av god følelse og ønsker Kontakt - mens man som Avvisende tydelig gir uttrykk for ønske om fysisk distanse.

*2016*

## HOLDNINGER

Det viktigste er at du opprettholder dine Holdninger hvis du er fornøyd med dem.

*2019*

## MOODY AND HUMOROUS
As Moody one appears weak in social context - while as Humorous one will be remembered as positive.

*2016*

## THOUGHTS AND STEAM
Thoughts can be like Steam in a pressure cooker. Out they shall in some form or other and out they come.

*Oct. 1995*

## MATHEMATICS
The only thing I understand about Mathematics is that it is the basis of all progress and development and that we would never be where we are without it.

*Sept. 2019*

## HUMØRLØS OG HUMØRFYLT

Som Humørløs stille man svakt i sosial sammenheng - mens man som Humørfylt huskes med positivt fortegn.

*2016*

## TANKER OG DAMP

Tanker kan være som Damp i en trykkoker. Ut skal de i en eller annen form og ut kommer de.

*Okt. 1995*

## MATEMATIKK

Det eneste jeg forstår av Matematikk er at den er basis i all fremgang og utvikling og at vi aldri ville være der vi er uten den.

*Sept. 2019*

## TRIVIALITIES

The less time you spend on Trivialities the more satisfied you become with yourself.

*2019*

## EVERLASTING I

Everlasting must be one of the most abused words. Nothing Lasts Forever. Before being used, the term Eternity should therefore be defined.

*Sept. 2019*

## MATURITY II

When the fruit is ripe, it is harvested and brings health to us human beings. When the humans mature, we become wiser, while few others become healthier from our wisdom.

*Oct. 2019*

## TRIVIALITETER

Jo mindre tid man benytter på Trivialiteter jo mer fornøyd blir man med seg selv.

*2019*

## EVIGVARENDE I

Evigvarende må være ett av de mest misbrukte ord. Det er intet som Varer Evig. Før man benytter uttrykket bør man derfor definere Evigheten.

*Sept. 2019*

## MODENHET II

Når frukten er moden, høstes den og gir sunnhet til oss Mennesker. Når mennesket modnes blir vi klokere, mens få andre blir sunnere av vår visdom.

*Okt. 2019*

## OBSERVATION
Most people who are concerned about others repeating themselves - are rarely those who initiate communication.

*Sept. 2019*

## WORLD CONCERNS
If children tell us about the importance of our destruction of the world, we should really be worried about the ones we have chosen to govern us.

*Sept. 2019*

## THE SEA I
The Sea never says no - it receives everything nature sends, as well as everything we humans emit, so far without visible protests. If we do nothing about it, there will come a day when the Sea will take revenge.

*Sept. 2019*

## OBSERVASJON

De fleste som er opptatt av at andre gjentar seg selv - er sjelden de som tar initiativ til kommunikasjon.

*Sept. 2019*

## VERDENS BEKYMRINGER

Hvis barn forteller oss om alvoret av vår destruksjon av verden, bør vi virkelig være bekymret over de vi har valgt til å styre oss.

*Sept. 2019*

## HAVET I

Havet sier aldri nei - det mottar alt naturen sender, samt alt vi mennesker slipper ut, foreløpig uten synlige protester. Hvis vi ikke gjør noe med det, vil det kommer en dag hvor Havet vil hevne seg.

*Sept. 2019*

## TALKATIVE AND LISTENER

As Talkative everything goes out while little comes in. As a good Listener everything comes in, while only that which is of value to the person stays there. The combination of being Talkative and at the same time a good Listener is an art.

*Sept. 2019*

## TRUST-POLICY

Trust-Policy can only work through the power of example. The only way to maintain respect for democracy, is that it represents leaders showing power of example. When the power of example shows its right face as well in business as in political life, a sustainable management is established.

*May 2019*

## HEROES II

The world will not be richer if we strip the Heroes.
There is no future without a past.

*Sept. 2019*

## SNAKKESALIG OG LYTTENDE

Som Snakkesalig går alt ut mens lite kommer inn. Som en god Lytter kommer alt inn, mens kun det som er av verdi for vedkommende forblir der. Kombinasjonen av å være Snakkesalig og samtidig en god Lytter er en kunst.

*Sept. 2019*

## TILLITS-POLITIKK

Tillits-Politikk kan kun fungere gjennom eksempelets makt. Den eneste vei til opprettholdelse av respekt for demokratiet, er at dets ledere representerer eksempelets makt. Når eksempelets makt viser sitt riktige ansikt blir det en virkelig bærekraftig ledelse, så vel i næringslivet som i det politiske liv.

*Mai 2019*

## HELTER II

Verden bli ikke rikere hvis vi stripper Heltene. Det er ingen fremtid uten en fortid.

*Sept. 2019*

## SUBJECTIVITY AND FEELINGS

Your assessment of others' reaction patterns will always be Subjective. Could it have something to do with Feelings?

*Sept. 2019*


## ADAPTATION II

With no understanding of the dependence of each other, forward movement will slow down. Certain professions will have to give way for changes, logically causing protests and aggravation, but nothing can change natural evolution. Politicians must learn Adaptability and put it to practice. If not, valuable time will be wasted fighting an unavoidable future.

*Jan. 2019*


## OBSTACLES

If you look for Obstacles, you will never move forward.

*Sept. 2019*

## SUBJEKTIVITET OG FØLELSER

Din bedømmelse av andres reaksjonsmønster vil alltid være Subjektiv. Kan det ha noe å gjøre med Følelser?

*Sept. 2019*

## TILPASNING II

Uten forståelse for avhengighet av hverandre, blir fremtidsutsiktene dystre. Visse profesjoner må vike plass for endringer, med påfølgende protester og aggresjon, men intet kan endre den naturlig evolusjon. Politikere må lære seg Tilpasningsevne og utøve den. Hvis ikke, vil verdifull tid mistes i kampen om en uunngåelig fremtid.

*Jan. 2019*

## HINDRINGER

Leter man etter Hindringer, kommer man aldri videre.

*Sept. 2019*

## CONSEQUENCES - DEVELOPMENT

That children toe the line as far as they can before it gets Consequences are part of their Development. How is it that the adults constantly continue; have they never learned?

*Sept. 2019*

## EXCELLENCE

Those who constantly emphasize their Excellence, are far behind in the queue when it comes to human qualifications.

*Sept. 2019*

## ABOUT HAVING OPINIONS

It's no privilege to have Opinions, it belong to us all. Therefore we are also responsible for what we do with them.

*Sept. 2019*

## KONSEKVENSER - UTVIKLING

At barn tøyer strikken så langt de kan før det får Konsekvenser er et ledd i deres Utvikling. Hva er så årsaken til at de voksne stadig fortsetter; har de aldri lært?

*Sept. 2019*


## FORTREFFELIGHET

De som til stadighet fremhever sin Fortreffelighet, stiller langt bak i køen når det gjelder menneskelige kvalifikasjoner.

*Sept. 2019*


## OM Å HA MENINGER

Det er ikke noe privilegium å ha Meninger, det tilhører oss alle. Derfor er vi også ansvarlige for hva vi gjør med dem.

*Sept. 2019*

# OPPONENTS OF DEVELOPMENT

In demonstrations we hear that: "Capitalism kills the world". For our world to survive, money is required. In my opinion, money is created through capitalism, and should of course be taxed sensibly. Thereafter the funds should be managed by the Governing politicians. If capitalism is strangled, many of us will face tight conditions.

*Sept. 2019*

# SOCIALISM AND CAPITALISM

Socialism and Capitalism are a result of experience. Socialists believe, and perhaps rightly, that the Capitalists aim is to suppress and exploit those in society that do not represent the elite, while the Capitalists, also perhaps rightly, think that the Socialists use most of their time and efforts to get rid of them. Who can balance these extremes?

*Sept 2019*

# MOTSTANDERE AV UTVIKLING

I demonstrasjoner hører vi at: "Kapitalismen dreper verden". Skal vår verden overleve, kreves penger. Etter min mening skapes pengene gjennom kapitalisme og skal selvfølgelig beskattes på fornuftig måte. Deretter skal midlene forvaltes av de styrende politikere. Kveles kapitalismen møter mange av oss svært trange kår.

*Sept. 2019*

# SOSIALISME OG KAPITALISME

Sosialisme og Kapitalisme er et resultat av erfaring. Sosialistene tror, og kanskje med rette, at Kapitalistene har som mål og undertrykke og utnytte de i samfunnet som ikke representerer eliten, mens Kapitalistene, også kanskje med rette, tror at Sosialistene bruker det meste av sine krefter på å bli kvitt dem. Hvem kan balansere disse ytterlighetene?

*Sept. 2019*

## LONG-TERM PLAN

If you have a top responsibility and expect support and cooperation to the implementation of your Long-Term Plan, you should, to the extent it's possible, make it early known to those involved.

*Sept. 2019*


## DIFFERENT OPINIONS

On the one side, there are those who believe in a future through braking and postponing - while, on the other side, those who believe in a future where development is stimulated and given ground.

*Sept.2019*


## BORDERS

If you disregard the Borders between countries, the most important Borders are the ones you set for yourself.

*Sept. 2019*

## LANGSIKTIG PLAN

Hvis du har et topp ansvar og forventer støtte og samarbeid for gjennomføringen av din Langsiktige Plan, bør du i den grad det er forsvarlig gjøre den tidlig kjent for de involverte.

*Sept. 2019*

## FORSKJELLIGE OPPFATNINGER

På den ene siden er det de som tror på en fremtid gjennom bremsing og utsettelse - mens det på den andre siden er de som tror på en fremtid hvor utvikling stimuleres og gis grobunn.

*Sept. 2019*

## GRENSER

Ser man bort fra Landegrensene, er de viktigste Grensene de du setter for deg selv.

*Sept. 2019*

## THE SEA II

Everything that ends up in The Sea, supplied by both humans and nature, The Sea sends back. Even The Sea defends itself as best it may.

*Sept. 2019*

## EVERLASTING II

Everlasting is a word serious businessmen should be reluctant to use. They should be knowledgeable enough to know that nothing human made is Everlasting.

*March 2020*

## WITH A NEW TWIST IV

"All that glitters is not gold". Think carefully before you bet on the dream.

*March 2019*

## HAVET II

Alt som havner i Havet, tilført av både mennesker og naturen, sender Havet tilbake i en eller annen form. Selv Havet forsvarer seg som best det kan.

*Sept. 2019*

## EVIGVARENDE II

Evigvarende er et ord seriøse forretningsmenn bør være motvillige til å bruke. De bør være kunnskapsrike nok til å vite at ingenting menneskeskapt er Evigvarende.

*Mars 2020*

## MED EN NY TVIST IV

"Det er ikke gull alt som glimrer". Tenk deg godt om før du satser på drømmen.

*Mars 2019*

## WITH A NEW TWIST II
"To shoot sparrows with cannon".
With the right tools, work is made much easier.

*March 2019*

## WITH A NEW TWIST III
"Treading the water".
Treading the water gives no propulsion - you can just as well stand still.

*March 2019*

## ADAPTATION I
Showing Adaptability will always be considered positive.

*March 2019*

## MED EN NY TVIST II

"Å skyte spurv med kanon".
Med riktig verktøy gjøres arbeidet mye lettere.

*Mars 2019*


## MED EN NY TVIST III

"Å trå vannet".
Å trå vannet gir ingen fremdrift - du kan like gjerne stå stille.

*Mars 2019*


## TILPASNING I

Det vil alltid bli betraktet som positivt når man viser Tilpasningsevne.

*Mars 2019*

## CORRUPTION II

Corruption is society's worst poison and unfortunately has no political boundaries. The power of example's will always be among the strongest.

*Oct. 2019*

## HUMBLE II

You can be Humble without lying on your back. Humility has many shades with varying effects.

*May 2019*

## CORRUPTION I

Little creates more distrust than Corruption. The power of example's will always be among the strongest.

*Oct. 2019*

## KORRUPSJON II

Korrupsjon er samfunnets verste gift og har dessverre ingen politiske grenser. Eksempelets makt er alltid blant de sterkeste.

*Okt. 2019*

## YDMYK II

Man kan godt være Ydmyk uten å legge seg på ryggen. Ydmykhet har mange nyanser med varierende virkning.

*Mai 2019*

## KORRUPSJON I

Lite underbygger mistro mer enn Korrupsjon. Eksempelets makt vil alltid være blant de sterkeste.

*Okt. 2019*

## CORRUPTION III

It's said that opportunity makes thief. Does that mean Corruption is happening as a result of existing opportunities? If so, it is difficult to come to terms with the Corruption in any other way than blocking the opportunities? Can that be done in accordance with the ideals of democracy and human rights?

*Oct. 2019*

## LUCKY US

Imagine how Lucky we humans are, which only must control two legs, while all four-legged animals must control the double. Do they use extra brain capacity for it?

*Oct. 2019*

## FEELING OF GUILT II

No one can describe the Feeling of Guilt of others.

*May 2019*

## KORRUPSJON III

Det heter at mulighet gjør tjuv. Betyr det at Korrupsjon skjer som et resultat av at muligheter eksisterer? Hvis det er tilfelle er det vanskelig å komme Korrupsjonen til livs på annen måte enn å låse mulighetene? Kan det skje i samsvar med demokratiets idealer og menneskerett?

*Okt. 2019*

## HELDIG OSS

Tenk så Heldige vi mennesker er som kun skal holde orden på to ben, mens alle firbente dyr må styre med det dobbelte.
Bruker de ekstra hjernekapasitet på det?

*Okt. 2019*

## SKYLDFØLELSE II

Ingen kan beskrive andres Skyldfølelse.

*Mai 2019*

## TO BE STUCK BETWEEN...

A diplomatically charged person will normally feel at ease when being Stuck Between The Rock And A Hard Place.

*Oct. 2019*

## THE REVERSE WORLD

From any person's point of view, a great deal of the humanity will always be in The Reverse World, since everyone is right based on their prerequisites.

*Oct. 2019*

## POLICY AND INTERACTION

One definition of Politics is that it is the Interaction between the state and the rest of society. It must mean that Politicians will always remain, whether the cooperation is good or bad.

*Oct. 2019*

## MELLOM BARKEN OG VEDEN

En diplomatisk anlagt person vil i utgangspunktet normalt befinne seg vel Mellom Barken og Veden.

*Okt. 2019*

## DEN OMVENDTE VERDEN

Sett fra ethvert menneskes ståsted vil en stor del av menneskeheten alltid befinne seg i Den Omvendte Verden, ettersom alle har rett ut fra sine forutsetninger.

*Okt. 2019*

## POLITIKK OG SAMSPILL

En definisjon av Politikk er at det er Samspillet mellom staten og det øvrige samfunn. Det må bety at Politikere alltid vil forbli, uansett om samarbeidet er godt eller dårlig.

*Okt. 2019*

## SELF-CONSCIOUSNESS

Being Self-Conscious is in no way the same as being egoistic.

*May 2019*

## ENTHUSIASM III

There must be many who believe they lose something of themselves, or show weakness, by expressing Enthusiasm. This misunderstood way of thinking that one is shielding oneself only gives bad feedback

*Jan. 2020*

## HONESTY II

Honesty is also not to be despised. Suspicion and jealousy are poison and can be hidden dangers on the road of life. If one makes Honesty part of one's daily agenda, as well as a good portion of tolerance and respect for one another, many of life's sharp edges can be rounded.

*From a wedding speech in 2005*

## SELVBEVISSTHET

Det og være seg Selv Bevisst, er ikke på noen måte det samme som å være egoist.

*Mai 2019*

## BEGEISTRING III

Det må være mange som tror de mister noe av seg selv, eller viser svakhet, ved å uttrykke Begeistring. Denne misforståtte måte å tro at man skjermer seg selv på, gir kun dårlige tilbakemeldinger.

*Januar 2020*

## ÆRLIGHET II

Ærlighet er ikke å forakte. Mistenksomhet og sjalusi er gift og kan være en snikende fare på livets vei. Setter man imidlertid Ærlighet på dagsordenen og trekker inn en god dose toleranse og respekt for hverandre, kan mange av livets skarpe hjørnes rundes.

*Fra en bryllupstale i 2005*

## LIKE CHILDREN
It is said that: birds of a feather flock together. I never played with Like Children.

*May 2019*

## SOME CATS ARE LIKE WOMEN
Some Cats Are Like Women, they draw your tolerance to the maximum. If you do not set boundaries you are lost.

*April 2020*

## THOUGHTS ABOUT FAITH
Dear God, it is you who created us, but unfortunately, the Devil has made a strong contribution to how we have evolved.

*Sept. 2019*

## LIKE BARN

Det sies at: Like Barn leker best. Jeg lekte aldri med Like Barn.

*Mai 2019*

## NOEN KATTER ER LIK KVINNER

Noen Katter Er Lik Kvinner, de trekker din toleranse til det maksimale. Hvis du ikke setter grenser, er du fortapt.

*April 2020*

## TANKER OM TRO

Kjære Gud, det er deg som har skapt oss, men dessverre har Djevelen blitt et sterkt innslag i hvordan vi har utviklet oss.

*Sept. 2019*

*Consequences and development*
*Konsekvenser og utvikling*

*Laura Hamborg*

*Growing trees*
*Trær som gror*

*Laura Hamborg*

## FREEDOM AND CHOICE

Freedom is to have the Choice of options in every part of society.

*March 2919*

## REPRODUCTION

The most powerful trait that all life is endowed with is the Reproductive ability.

*Sept. 2019*

## LASTING LOVE

No Lasting Love can bridge different political views.

*Sept 2019*

## FRIHET OG VALG
Frihet er å ha Valg av alternativer i alle deler av samfunnet.

*Mars 2919*


## FORPLANTNING
Den desidert sterkeste egenskap alt liv er utstyrt med er Forplantningsevnen.

*Sept. 2019*


## VARIG KJÆRLIGHET
Ingen Varig Kjærlighet kan bygge bro over forskjellig politisk oppfatning.

*Sept 2019*

## DEVELOPMENT III

Development cannot happen without sacrifice. Those who believe that the world can continue with stagnation must be naïve,

*Sept. 2019*

## CAPITALISM AND THE CHURCH

The Church's former Capitalism, with its Totalitarian authority was not very democratic. The present neutrality of the Church has created respect, not fear of the faith, because the Church's influence and political power, in most societies, has been greatly reduced.

*Sept.2019*

## COMPLICATED - CHALLENGING

A task can be Complicated to solve. Look at it as a Challenge, and the solution becomes easier.

*Sept. 2019*

## UTVIKLING III

Utvikling kan ikke skje uten offer. De som tror at verden kan fortsette ved stagnasjon må være naive.

*Sept. 2019*

## KAPITALISME OG KIRKEN

Kirkens tidligere tiders Kapitalisme, med sin totalitære myndighet, var ikke særlig demokratisk. Kirkens nåværende nøytralitet har skapt respekt, ikke frykt for troen, fordi kirkens innflytelse når det gjelder politisk makt, i de fleste samfunn, er blitt sterkt redusert.

*Sept. 2019*

## KOMPLISERT - UTFORDRENDE

En oppgave kan være Komplisert å løse. Se på den som en Utfordring, så blir løsningen lettere.

*Sept. 2019*

## INITIATIVE
Being Enterprising in mind may be good, but it's only through action Initiative gets value.

*Sept. 2019*

## LOYALTY
If you fail the Loyalty you are shown - or the one you have given - any basis for cooperation disappears.

*Sept. 2019*

## LIFE AND DEATH II
The shortest and best time period can be the one between Life and Death.

*Oct. 2019*

## INITIATIV
Å være Initiativrik i tankene kan være vel og bra, men det er kun gjennom handling Initiativ får verdi.

*Sept. 2019*

## LOJALITET
Svikter du den Lojaliteten du er vist - eller den du har gitt - forsvinner ethvert grunnlag for samarbeid.

*Sept. 2019*

## LIV OG DØD II
Den korteste og beste tidsperioden kan være den mellom Liv og Død.

*Okt. 2019*

## POLARIZATION

The strange thing is that Polarization happens both when extremes are approaching each other - and when parties distance themselves.

*Oct. 2019*

## AWARENESS

Acting with Awareness in daily life you will avoid many challenges, while helping others not getting into trouble.

*Sept. 2019*

## RESPECT I

Respect for other people may well be subjective, but Respect for other people's time should be obvious.

*March 2019*

## POLARISERING

Det merkelige er at Polarisering skjer både når ytterligheter nærmer seg hverandre - og når parter fjerner seg fra hverandre.

*Okt. 2019*

## BEVISSTHET

Opptrer man Bevisst i det daglige unngår man mange utfordringer, samtidig som man hjelper andre til å unngå å komme i vanskeligheter.

*Sept. 2019*

## RESPEKT I

Respekt for andre mennesker kan godt være subjektiv, men Respekten for andres tid bør være selvsagt.

*Mars 2019*

**RESPONSE**

Without Response of any kind, the action becomes irrational. Tragic when it happens.

*2016*

**THE DIFFERENCE**

We are not only created Different, but between the extremes it's amazing how big the difference is.

*Sept. 2019*

**CHEATED**

If you are positioned to be Cheated, you most probably will be. That doesn't mean however, that the majority of us are Cheaters, but that the old saying: "Opportunity makes thief" is still valid.

*Sept. 2019*

## RESPONS
Uten Respons av noen art, blir handlingen irrasjonell. Tragisk når det skjer.

*2016*

## FORSKJELLEN
Vi er ikke bare skapt Forskjellige, men mellom ytterlighetene er det utrolig hvor stor forskjellen er.

*Sept. 2019*

## Å BLI LURT
Hvis du er i en posisjon til å bli Lurt, er det sannsynlig at du bli det. Det betyr imidlertid ikke at flertallet av oss er juksere, men at det gamle ordtaket: "Mulighet gjør tjuv" fremdeles er gyldig.

*Sept. 2019*

## DOMINANT AND RESILIENT

As a Dominant, you are stubbornly on your point of view - while as Resilient you adapt to others.

*2016*

## IDIOCY

In my terminology, people act Idiotically when they don't understand that they have gone too far.

*Oct. 2019*

## WITH A NEW TWIST V

"The old women against the stream". Only children and stupid people walks up a descending escalator.

*March 2019*

## BASTANT OG ETTERGIVENDE

Som Bastant står man hårdnakket på sine stand-punkt - mens man som Ettergivende føyer seg etter andres.

*2016*

## IDIOTI

I min terminologi opptrer mennesker Idiotisk når de ikke forstår at de har gått for langt.

*Okt. 2019*

## MED ER NY TVIST V

"Kjerringa mot strømmen". Kun barn og dum-me mennesker går opp en nedadgående rulle-trapp.

*Mars 2019*

*The sea*
*Havet*

*Laura Hamborg*

*With a twist II*
*Med en ny tvist II*

*Laura Hamborg*

## ADVERSITY AND WORRIES

Focus on the cause of the Adversity and what you can do about it. That way you keep the Worry at a distance.

*Oct. 2019*

## PATIENCE I

Are those who "Lubricate themselves with Patience", also using various degrees of protection?

*May 2019*

## STRONG AND WEAK III

With Strong attitudes, one emphasizes one's Strengths - while as with Weak attitudes one displaces and suppresses them.

*2016*

## MOTGANG OG BEKYMRINGER

Fokuser på årsaken til Motgangen og hva du kan gjøre med den, så holder du Bekymringen på avstand.

*Okt. 2019*

## TÅLMODIGHET I

Bruker de som "Smører seg med Tålmodighet" også forskjellige beskyttelsesgrader?

*Mai 2019*

## STERK OG SVAK III

Med Sterke Holdninger fremhever man sine Sterke sider - mens man med Svake Holdninger fortrenger og undertrykker dem.

*2016*

## GREED

Greed provides a bad basis for constructive co-operation.

## ANGRY AND SOUR

As Angry one reacts with strong expressions - while as Sour, one is sad and little talkative.

*2016*

## GRÅDIGHET I
Grådighet gir et dårlig grunnlag for konstruktivt samarbeid.

## SINT OG SUR
Som Sint tenner man på det minste med sterke uttrykk - mens man som Sur henger med geipen og er lite snakkesalig.

*2016*